AF305833

CATALOGUE
DE LIVRES
ANCIENS ET MODERNES

PROVENANT

DE LA BIBLIOTHÈQUE DE M. R***

DONT LA VENTE AURA LIEU

Le Mercredi 1er Juin 1881 à 7 heures et demie

du soir

Rue des Bons-Enfants, 28 (maison Silvestre)

Salle n° 1

Par le ministère de Me MAURICE DELESTRE, commissaire-priseur.

Successeur de M. DELBERGUE-CORMONT

Rue Drouot, 27

The Art Journal, 22 vol. in-4. — L'Œuvre de Rembrandt, 2 vol. in-4. — Les Métamorphoses d'Ovide, traduction de l'abbé Banier, 1767-1770, 4 vol. in-4. — Le Théâtre de P. et Th. Corneille, Amsterdam, 1740, 10 vol. mar. citr. *(reliure ancienne).* — Œuvres de Racine, 1687, 2 vol. in-12. — Les Œuvres de Molière, 1674-1675, 7 vol. in-12, mar. bleu. — Les Œuvres de Molière, édition de 1682, 8 vol. in-12, mar. rouge. — Victor Hugo, Ruy Blas, Hernani. *(Premières éditions).* — Heptaméron français, 1780-81, 3 vol. in-8, figures de Freudenberg. — La peau de Chagrin, par Balzac, gr. in-8, vignettes par Janet Lange, Marckl, Gavarni. — Œuvres de Voltaire, Paris, Renouard, 1819, 66 vol., figures de Moreau le jeune. — Œuvres diverses de Dorat, 19 vol. in-8. — Œuvres de Florian, *Paris,* Briand, 1823, 13 vol. in-8, figures, etc.

PARIS

ADOLPHE LABITTE

LIBRAIRE DE LA BIBLIOTHÈQUE NATIONALE

4, rue de Lille, 4

—

1881

CATALOGUE
DE LIVRES
ANCIENS ET MODERNES

PROVENANT

DE LA BIBLIOTHÈQUE DE M. R***

DONT LA VENTE AURA LIEU

Le Mercredi 1ᵉʳ Juin 1881 à 7 heures et demie
du soir

Rue des Bons-Enfants, 28 (maison Silvestre)

Salle nº 1

Par le ministère de Mᵉ MAURICE DELESTRE, commissaire-priseur,

Successeur de M. DELBERGUE-CORMONT

Rue Drouot, 27

The Art Journal, 22 vol. in-4. — L'Œuvre de Rembrandt, 2 vol. in-4. — Les Métamorphoses d'Ovide, traduction de l'abbé Banier, 1767-1770, 4 vol. in-4. — Le Théâtre de P. et Th. Corneille, Amsterdam, 1740, 10 vol. mar. citr. *(reliure ancienne)*. — Œuvres de Racine, 1687, 2 vol. in-12. — Les Œuvres de Molière, 1674-1675, 7 vol. in-12, mar. bleu. — Les Œuvres de Molière, édition de 1682, 8 vol. in-12, mar. rouge. — Victor Hugo. Ruy Blas. Hernani. *(Premières éditions)*. — Heptaméron français, 1780-81, 3 vol. in-8, figures de Freudenberg. — La peau de Chagrin, par Balzac, gr. in-8, vignettes par Janet Lange, Marckl, Gavarni. — Œuvres de Voltaire, Paris, Renouard, 1819, 66 vol., figures de Moreau le jeune. — Œuvres diverses de Dorat, 19 vol. in-8. — Œuvres de Florian, *Paris, Briand, 1823,* 13 vol. in-8, figures, etc.

PARIS

ADOLPHE LABITTE

LIBRAIRE DE LA BIBLIOTHÈQUE NATIONALE

4, rue de Lille, 4

—

1881

CONDITIONS DE LA VENTE

———

La vente se fait expressément au comptant.

Les acquéreurs paieront cinq pour cent en sus des enchères, applicables aux frais.

Il y aura exposition, le jour de la vente, de 2 à 4 heures.

Les réclamations devront être faites dans les vingt-quatre heures de l'adjudication ; passé ce délai, les articles adjugés ne seront repris pour aucune cause.

Le libraire chargé de la vente remplira les commissions des personnes qui ne pourraient y assister.

CATALOGUE

DE LIVRES

ANCIENS ET MODERNES

PROVENANT

DE LA BIBLIOTHÈQUE DE M. R***

THÉOLOGIE

1. Biblia sacra utriusque Testamenti, et vetus quidem post omnium hactenus editiones, opera D. Sebast. Munsteri euulgatum, et ad hebraicam veritatem quoad fieri potuit redditum, collatis ubiq. vetustissimis et probatissimis eius linguæ scriptoribus, novum vero non solum ad græcam veritatem, verum etiam ad multorum utriusq. linguæ et interpretum et codicum fidem opera D. Erasm. Rot. ultimo recognitum et editum. *Tiguri, apud Christophorum Froschoverum, anno* 1539. 3 vol. pet. in-4, nombr. figures gravées, v. gran. tr. dor.

2. Biblia dat is de gansche H. Schriftuer des Ouden en Nieuwen Testaments naar de oversettinge van

D. M. Lutherus. *T'Amsterdam gedrukt voor'k consistorie der Luthersche Gemeent*, 1748. In-4 goth. texte à 2 col. frontispice gravé, reliure en bois, recouverts en mar. rouge à comp. dorés sur les plats, coins et fermoirs en cuivre doré. (*Reliure hollandaise.*)

3. L'Imitation de Jésus-Christ, traduite et paraphrasée en vers françois par Pierre Corneille, édition nouvelle retouchée par l'auteur avant sa mort. *A Brusselle, chez François Foppens*, 1704. In-12, frontispice et figures gravées, v. gran. fil.

4. Les Vies des SS. Pères des déserts et des saints solitaires d'Orient et d'Occident (par Jos.-Fr. Bourgoin de Villefore), avec des figures qui représentent l'austérité de leur vie, et leurs principales occupations (gravées par Mariette). *Anvers et Amsterdam*, 1714. 4 vol. in-12, figures, v. gran.

5. Lettre de l'abbé de Rancé à un ami, écrite de son abbaye de la Trappe, par M. Barthe. *Imprimé à Genève et se trouve à Paris chez Duchesne*, 1765. In-8 de 16 pages, figure, vignette et cul-de-lampe par Eisen, demi-cart. percal. rouge.

SCIENCES

6. Simplicii Commentarius in Enchiridion Epicteti, ex libris veteribus emendatus cum versione Hieronymi Wolfii et C. L. Salmasii animadversio-

nibus et notis. *Lugduni Batavorum, typis Johan-
nis Maire*, 1640. In-4, planche, veau gran. tr.
marbr.

7. Contemplation de la nature, par C. Bonnet. *A
Amsterdam, chez Marc-Michel Rey*, 1764. 2 tomes
en un vol. in-8, mar. rouge, dos fleurdelisé,
dent. sur les plats et armoiries. (*Reliure ancienne.*)

8. Le Compère Mathieu, ou les Bigarrures de l'es-
prit humain (par Mathurin Laurent). *Imprimerie
de Patris, s. d.*, 1796. 3 vol. in-12, demi-rel.
bas. tr. jasp.

9. Abrégé de l'art des accouchements, ouvrage très-
utile aux jeunes sages-femmes, et généralement
à tous les élèves en cet art qui désirent s'y
rendre habiles, par madame Le Boursier du Cou-
dray, maîtresse sage-femme de Paris. *Paris, De
Bure père*, 1777. In-8, portrait de l'auteur et
figures imprimées en couleurs, v. antiq. marbr.
Armoiries sur les plats. Exemplaire fatigué.

BEAUX-ARTS. — LIVRES A FIGURES

THE ART-JOURNAL

10. The Art-Journal, published (for the proprie-
tors by Georges Virtue). *London*, 1849 (volume XIme) à 1870. 22 vol. in-4, nombr. gravures
sur acier, demi-rel. chagr. vert, tr. dor. (*Reliure
anglaise.*)
L'année 1870 est en livraisons.

11. The Exhibition of Art and Industry in Dublin. *London, Virtue*, 1853. In-4, nombreuses vignettes sur bois et planches gravées. — The illustrated Catalogue of the universal Exhibition published with the Art-Journal. *London, Virtue.* In-4, nombr. vignettes int. dans le texte. Ens. 2 vol. demi-rel. chagr. vert, tr. dor. (*Reliure anglaise.*)

12. L'Œuvre de Rembrandt, décrit et commenté par M. Charles Blanc, ouvrage comprenant la reproduction de toutes les estampes du maître exécutée sous la direction de M. Firmin Delangle. *Paris, A. Quantin*, 1880. 2 vol. in-4, papier vélin, 1 de texte et 1 de planches gravées à l'eau-forte et 1 album gr. in-fol. contenant les grandes planches, cart. toile grise.

13. La Prosopographie, ou Description des personnes insignes, enrichie de plusieurs effigies, et réduite en quatre livres, par Antoine du Verdier, conseiller du Roy. *A Lyon, par Antoine Gryphius*, 1573. In-4, portrait en médaillon, bas.

Taches.

14. Delle Allusioni, imprese et emblemi del sig. Principe Fabricio da Teramo sopra la vita, opere et attioni di Gregorio XIII, Pontefice massimo, libri VI. *In Roma, appresso Bartolomeo Grassi*, 1588. In-4, titre, vignettes en tête et grandes planches gravées, bas. rouge antiq.

Les Éloges sont en italien, et les notes marginales, qui sont en latin, expliquent l'emblème.
Quelques mouillures.

15. Seconda novissima editione delle Imagini degli dei, scelti antichi di Vicenzo Cartari, Reggiano. *Padova, nella stamperia di Pietro Paolo Tozzi*, 1626. In-4, figures, v. f. antiq. fil.

Aux armes de DE THOU accolées de celles de sa seconde femme GASPARDE DE LA CHASTRE. La reliure est cassée.

16. Description du Parnasse françois exécuté en

bronze à la gloire de la France et de Louis le
Grand, et à la mémoire perpétuelle des illustres
poëtes et des fameux musiciens françois, dédié
au Roy par M. Titon du Tillet. *Paris*, 1760. In-
fol. frontispice et figures de médailles, v. antiq.
marb. fil.

Exemplaire taché.

17. Les Traits les plus remarquables de l'histoire
ancienne, d'après Rollin, ornés de 100 figures
dessinées et gravées avec soin, rédigés par
MM. Vauvilliers et Auger. *Paris, Thiériot et Belin,*
s. d. 2 vol. in-8, figures de Marillier, Monnet, etc.,
v. rac. dent. tr. dor.

18. Renversement de la morale chrétienne par les
désordres du monachisme (en hollandais et en
français). *S. l. n. d.* Pet. in-4, figures, demi-rel.
avec coins mar. rouge, dos orné, fil. tr. dor.

Ce volume est divisé en 2 parties, et contient 51 planches grotesques gravées en manière noire.
Réimpression du siècle dernier; les planches ne portent pas de quatrain.

19. Honoré Fragonard. Figures des Contes de la
Fontaine, gravées par Martial et destinées à orner
l'édition Didot, 1795, en 2 vol. in-4. *Paris, Rou-*
quette, s. d. 10 livraisons in-fol. contenant 1 portrait, 1 titre et 18 planches.

Épreuves avec les noms à la pointe sèche (3° état).

20. Histoire de France, représentée par figures
accompagnées de discours, les figures gravées par
François-Anne David, les discours par Guyot. *A*
Paris, chez l'auteur, F.-A. David, 1787-1796.
5 vol. in-4, figures tirées en rouge foncé, demi-
rel. v. viol. tr. jasp.

BELLES-LETTRES

POÈTES ANCIENS.

---

21. L'Iliade d'Homère, traduction nouvelle. *Paris, Barbou-Moutard et Ruault*, 1776. 3 vol. in-8, figures, v. ant. marbr.

3 figures (1 par volume) par Cochin.

22. Les Géorgiques de Virgile, traduction nouvelle en vers françois, enrichie de notes et de figures, par M. Delille. *Paris, C. Bleuet*, 1770. Figures d'Eisen, v. marbr. tr. dor.

23. L'Eneide di Virgilio del commendatore Annibal Caro. *In Parigi, presso la vedova Quillau*, 1760. 2 vol. in-8, titre, portraits et figures de Zocchi, v. rac. tr. dor.

24. Métamorphoses d'Ovide en rondeaux, imprimez et enrichis de figures par ordre de Sa Majesté et dediez à Monseigneur le Dauphin. *A Paris, de l'Imprimerie royale*, 1676. In-4, frontispice et vignettes par S. Le Clerc, v. fauve, fil. tr. rouge.

25. Les Métamorphoses d'Ovide, avec des explications à la fin de chaque fable, traduction nouvelle par M. l'abbé de Bellegarde. *A Paris, chez Pierre Emery*, 1701. 2 vol. in-8, frontispice et figures à mi-pages par F. Ertinger. v. gran.

26. Les Métamorphoses d'Ovide en latin et françois, divisées en XV livres avec de nouvelles explications historiques, morales et politiques sur toutes les fables, chacune selon son sujet; de la traduction de M. Pierre du Ryer, Parisien. *A Amsterdam, chez P. et J. Blaeu*, 1702. In-fol., texte

à deux col. figures à mi-page, v. antiq. marbr. fil. (*Armoiries sur les plats.*)

27. LES MÉTAMORPHOSES D'OVIDE en latin et en français, de la traduction de M. l'abbé Banier, de l'Académie royale des Inscriptions et Belles-Lettres ; avec des explications historiques. *A Paris, chez Le Clerc*, 1767-1770. 4 vol. in-4, frontispice, planches de dédicace, figures, vignettes, fleurons et culs-de-lampe, par Boucher, Eisen, Gravelot, Le Prince, Monnet, Moreau, etc., mar. rouge jans. dent. int. tr. dor. (*Belz-Niedrée.*)

Exemplaire de second tirage ; la page 215 du troisième volume est cotée 209.

28. Élégies de Tibulle, avec des notes et recherches de mythologie, d'histoire et de philosophie ; suivies des Baisers de Jean Second ; traduction nouvelle, adressée du donjon de Vincennes, par Mirabeau l'aîné, à Sophie Ruffey. *Tours et Paris, l'an III*mc *de l'ère républicaine.* 3 vol. in-8, portrait de Mirabeau gravé par Voysard et figures de Borel, demi-rel. bas. tr. jasp.

29. Élégies de Tibulle, par Mirabeau, avec quatorze figures. *Paris, rue Saint-André-des-Arts, an VI* (1798). 3 vol. in-8, portrait de Mirabeau par Borel et figure par le même, cart. non rog.

30. Lucrèce. De la Nature des choses, traduction nouvelle (et texte en regard), avec des notes, par M. L*** G*** (La Grange). *A Paris, chez Bleuet* 1768. 2 vol. in-8, frontispice et figures de Gravelot, v. antiq. marbr. dent.

POÈTES FRANÇAIS

31. Ferry Juliot. Les Élégies de la Belle Fille lamentant sa virginité perdue ; réimpression complète, publiée d'après l'édition originale de 1557

avec notice, éclaircissements et index. *Paris,
L. Willem,* 1873. In-8, demi-rel. avec coins mar.
bleu, tr. sup. dor. éb.

32. Les Satyres du sieur Regnier, dernière édition,
revue, corrigée et de beaucoup augmentée, tant
par le sieur de Sigogne, que de Berthelot. *A
Paris, chez Nicolas et Jean de la Coste,* 1645.
Pet. in-8, v. marbr.

Exemplaire court de marges.

33. Le Ravissement de Proserpine, de M. Dassoucy,
poème burlesque, enrichy de toutes ses figures.
A Paris, chez Pierre David, 1653. In-4, figures.

Exemplaire dérelié, fatigué et très-mouillé.

34. Contes et nouvelles en vers, par M. de la Fon-
taine, enrichis de taille-douce. *Amsterdam, chez
Pierre Brunel,* 1699. 2 vol. in-12, figures de
Romain de Hooge, demi-rel. v. antiq. tr. dor.

35. Contes et nouvelles en vers, de la Fontaine.
A Amsterdam, 1776. 2 vol. petit in-8, frontispice au tome Ier, fleurons sur les titres et vignette
en tête de chaque conte, mar. rouge, dos orné,
fil. tr. dor. (*Claessens.*)

36. Contes et nouvelles en vers, par Jean de la
Fontaine. *S. l. (Paris),* 1777. 2 vol. in-8, frontispices, portrait, figures d'Eisen et culs-de-lampe,
v. rac. dent.

Contrefaçon de l'édition dite des *Fermiers généraux.*

37. Contes et nouvelles en vers, par la Fontaine,
édition ornée de figures gravées d'après les dessins d'Eisen. *A Paris, de l'imprimerie de Didot
jeune,* 1796. 2 vol. in-8, figures, demi-rel. v.
rouge, tr. marbr.

Copies des figures de l'édition dite des *Fermiers généraux.*

38. Contes et nouvelles en vers, par M. de la Fontaine. *Paris (impr. Jouaust),* 1874. 2 vol. in-8

écu vergé, portrait, figures, fleurons et culs-de-lampe, br.

Réimpression de l'édition dite : *des Fermiers généraux*.

39. — Même ouvrage, même édition. 2 vol. in-8, en feuilles, carton.

Exemplaire sur papier cavalier vergé.

40. Les Remèdes contre l'amour travestis des vers latins d'Ovide en vers burlesques, et divisez en dix chapitres, par le sieur Du Four, c. médecin. *A Paris, chez Olivier de Varennes*, 1666. In-12, parch.

Quelques coins de ff. raccommodés.

41. OEuvres satyriques de P. Corneille Blessebois. — Le Rut, ou la Pudeur éteinte. L'Almanach des belles pour l'année 1676. — L'Eugénie. Marthe, Le Hayer, ou mademoiselle de Sçay. Filon. *Leyde*, 1866-67. 2 vol. in-18, demi-rel. mar. vert avec coins tr. supér. dor. n. rog.

Exemplaire en GRAND PAPIER.

42. La Pucelle d'Orléans, poëme en vingt et un chants, par Voltaire. *De l'imprimerie de la Société littéraire typographique (Kehl)*, 1785. In-8, figures de Moreau, bas. rac. dent. tr. dor.

Ce volume forme le tome XIᵉ des œuvres complètes; fortes mouillures.

43. La Pucelle d'Orléans, poëme en vingt-un chants par Voltaire; édition ornée de figures gravées par les meilleurs artistes de Paris. *A Paris, de l'imprimerie de Didot le jeune, l'an troisième.* 2 tomes en un vol. in-4, portrait et figures de Marillier, demi-rel. v. tr. jasp.

44. Narcisse dans l'Isle de Vénus, poëme en quatre chants, par Malfilâtre. *A Paris, chez Maradan* (1765). In-8, titre et 4 figures par Saint-Aubin, cart.

Taches aux derniers feuillets.

45. Les Sens, poëme en six chants, par M. de Rozoi ;
seconde édition, revue et corrigée par l'auteur.
Londres, 1767, titre, figures et vignettes par
Eisen, v. antiq. marbr. fil.

46. Les Saisons, poëme, par (de Saint-Lambert).
Amsterdam, 1769. In-8, frontispice et figures par
Le Prince et Gravelot, vignettes par Choffard, v.
antiq. marbr.

47. Les Saisons, poëme, par de Saint-Lambert. *A
Amsterdam*, 1775. Gr. in-8, fleuron sur le titre
et quatre vignettes par Choffard, figures par Moreau le jeune, v. ant. marbr. fil. tr. dor.

Ce poëme est suivi de 3 contes, de poésies fugitives et de fables orien-
tales. Les 3 contes sont ornés de 2 figures par Moreau le jeune.
Bel exemplaire.

48. L'Agriculture, poëme (par de Rosset). *A Paris,
de l'Imprimerie royale*, 1774. Gr. in-4, frontispice par Saint-Quentin, fleuron sur le titre, petites
vignettes par Marillier et figures par de Lauther-
bourg, v. antiq. marbr.

49. L'Art d'aimer et poésies diverses de M. Bernard.
S. l. n. d. (1775). In-8, frontispice, titre et figures
par Martini, v. marbr.

Épreuves ordinaires, exemplaire fatigué.

50. L'Innocence du premier âge en France, ou histoire amoureuse de Pierre Le Long et de Blanche
Bazu, suivie de la Rose ou la fête de Salency (par
Billardon de Sauvigny), nouvelle édition, considé-
rablement augmentée. *Paris, Ruault*, 1778. In-8,
titre par Moreau et figure par Greuze, demi-rel.
bas.

Exemplaire mal rogné.

51. Mélanges de poésies et de littérature, par M. de
Florian. *De l'imprimerie de J. Gratiot, à Paris,
chez Gide, an XIV* (1805). In-18, figures de Que-
verdo, bas.

52. Poésies et lettres facétieuses de Joseph Vadé,
avec une notice bio-bibliographique, par Georges
Lecocq. *Paris, A. Quantin*, 1879. In-8, portrait, broché.

Tiré à petit nombre.

53. Chant du sacre, ou la Veille des armes, par A.
de Lamartine. *Paris, Urbain Canel et Baudouin
fr.*, 1825. Br. in-8, de 64 pages.

PREMIÈRE ÉDITION.
Exemplaire fortement mouillé.

54. Empédocle, vision poétique suivie d'autres poésies, par Jean Polonius (Labenski). *Paris, Aimé
André et H. Fournier*, 1829. In-12, demi-rel. bas.
verte.

55. OEuvres complètes de Victor Hugo. Poésies. VI.
— Les Voix intérieures. *Paris, Eug. Renduel (imprimerie Terzuolo)*, 1837. In-8, demi-rel. v. tr.
marbr.

PREMIÈRE ÉDITION.

56. OEuvres complètes de Victor Hugo. Poésies. VII.
— LES RAYONS ET LES OMBRES. *Paris, Delloye*,
1840. In-8, de 13 et 389 pages, impr. de Béthune
et Plon, demi-rel. bas. tr. jasp.

PREMIÈRE ÉDITION.

FABLES ET CHANSONS

57. Les Fables d'Ésope Phrygien, traduction nouvelle, illustrée de discours moraux, philosophiques et politiques, par S. Baudouin, avec les figures en taille-douce. *A Rouen, chez Jean et David
Berthelin*, 1665. In-8, fig. v. grau.

Le frontispice est coupé au cadre et doublé; quelques feuillets sont rem-
margés extérieurement.

58. Fables choisies, mises en vers par M. de la Fontaine et par luy revues, corrigées et augmentées. *A Paris, chez Denys Thierry et Claude Barbin*, 1678-94. 5 vol. in-12, fig. à mi-pages, v. fauve, fil. tr. dor.

Contrefaçon sous cette date. Le tome V° est du troisième tirage.

59. Fables de la Fontaine. *Paris, stéréotype d'Herhan. (Ant.-Aug. Renouard), an XII* (1803). 2 part. en un vol. in-12, papier vélin, portrait, v. rac. tr. dor.

60. Fables russes tirées du recueil de M. Kriloff, et imitées en vers français et italiens par divers auteurs, précédées d'une introduction française de M. Lemontey et d'une préface italienne de M. Salfi, publiées par M. le comte Orloff. *Paris, Bossange*, 1825. 2 vol. in-8, portrait et figures, v. viol. fil. tr. marbr.

61. Anthologie française, ou Chansons choisies depuis le xiiiᵉ siècle jusqu'à présent. *S. l. (Paris)*, 1765. 3 vol. in-8, portrait de Graveiot, par Cochin, et figures de Gravelot, brochés.

Recueil composé par J. Monnet, et précédé d'une histoire de la chanson en France, par Meunier de Querlon.

POÈTES ÉTRANGERS

62. La Divina Commedia di Dante. *Milano, Ulrico Hœpli*, 1878. 2 vol. in-12, portrait, mar. rouge, à compart. dorés, doublé de mar. vert, gardes en moire rose, tr. dor. (*Étuis cart.*)

Charmante édition en petits caractères microscopiques.
Cet exemplaire mesure 54 mill. de hauteur sur 34 de largeur.

63. Le Rime del Petrarca breuemente sposte per

Lodovico Casteluetro. *In Basilea*, 1582. In-4, parch. antiq. à recouvr.

64. Orlando furioso di M. Lodovico Ariosto. *In Vinegia, appresso Gabriel Giolito de' Ferrari et fratelli*, 1555. In-4, texte à 2 col. caract. ital. figures sur bois et lettres ornées, parch. antiq.

Exemplaire défectueux.

65. Orlando furioso di M. Lodovico Ariosto tutto ricorretto et di nuove figure adornato. *In Venetia, appresso Vincenzo Valgrisi*, 1565. In-4, texte à 2 col. caract. italiq. figures en bois, parch. antiq.

Exemplaire taché et mouillé. Le 1er cahier est dérelié. La reliure est atiguée.

66. Orlando furioso di Lodovico Ariosto. *In Parigi, nella stamperia di P. Plassan*, 1795. 4 vol. in-8, figures de Cipriani, Cochin, Moreau, v. rac. dent. tr. marbr.

67. Orlando furioso di Lodovico Ariosto. *In Parigi, nella stamperia di P. Plassan*, 1795. 4 vol. gr. in-8, figures de Cochin, bas. fauve, tr. vertes.

68. La Hiérusalem délivrée, poëme héroïque de Torquato Tasso, traduit en vers françois, par M. Le Clerc. *A Paris, chez Claude Barbin*, 1667. In-4, frontispice et figures gravées, v. gran.

69. Les Quatre Parties du Jour, poëme traduit de l'allemand de M. Zacharie. *A Paris, chez J.-B. Musier*, 1769. In-8, figures et vignettes par Eisen, veau ant. marbr.

70. Les Quatre Parties du Jour, poëme en vers libre, imité de l'allemand de M. Zacharie, dédié à Mgr le comte de Provence, par M. l'abbé Aleaume. *A Paris, de l'imprimerie de P.-Alex. Le Prieur*, 1773. Gr. in-8, vignettes par Eisen, broché.

71. La Guzla, ou Choix de poésies illyriques recueillies dans la Dalmatie, la Bosnie, la Croatie et

l'Herzégovine (composé par Prosper Mérimée). *Paris, Levrault*, 1827. In-12, figure, cart. n. rog.

THÉATRE

72. Aristophanis Comœdiæ ex optimis exemplaribus emendatæ studio Rich. Franc. Phil. Brunck Argentoratensis. *Argentorati, sumtibus Joh. Georgii Treuttel*, 1783. 4 vol. in-8, v. rac.

73. Tristan l'Hermite. Théâtre, huit pièces en 2 vol. in-4, gravures, v. fauve antiq. dos orné, fil.

La Parasite, comédie, 1654. — Panthée, tragédie, 1639. — La Mort de Sénèque, tragédie, 1645. — La Mariane, tragédie, 1644. — La Mort de Crispe, ou les Malheurs domestiques du grand Constantin. — Osman, tragédie, 1656. In-12 (cette pièce de format in-12 est remmargée in-4). — Amarillis, pastorale, 1651. — La Chute de Phaéton, tragédie, 1639.

Toutes ces pièces sont très-rognées, la tragédie d'Osman n'a paru que dans le format in-12.

74. Le Théâtre de P. Corneille, revu et corrigé par l'auteur. *A Paris, chez Guill. de Luyne*, 1682. 4 vol. in-12, mar. rouge, jans. dent. int. tr. dor. (*Pouillet.*) — Poëmes dramatiques de T. Corneille. *A Paris, chez Guill. de Luyne*, 1682. 6 vol. in-12, mar. rouge, jans. dent. int. tr. dor. (*Quinet.*)

75. Poëmes dramatiques de T. Corneille. *A Paris, chez Guill. de Luyne*, 1682. 5 vol. in-12, v. gran.

Exemplaire fatigué.

76. Le Théâtre de P. Corneille, reveu et corrigé, et augmenté de diverses pièces nouvelles. *Suivant la copie imprimée à Paris*, 1689. 4 tomes en 8 vol. in-12. — Le Théâtre de T. Corneille, reveu, corrigé et augmenté de diverses pièces nouvelles. *Suivant la copie imprimée à Paris*, 1697. 5 tomes en 10 vol. in-12. Ens. 18 vol. v. f. antiq.

77. Le Théâtre de P. Corneille, reveu et corrigé par l'auteur. *A Paris, chez Guill. de Luyne,* 1692. 5 tomes en 10 vol. in-12, frontispice et figures, v. antiq. marbr.

78. Le Théâtre de P. Corneille, nouvelle édition, revue, corrigée et augmentée, enrichie de figures en taille-douce. *A Amsterdam, chez L'Honoré et Chatelain,* 1723. 5 vol. pet. in-12, portrait et figures. — Le Théâtre de T. Corneille, nouvelle édition, revue, corrigée et augmentée, enrichie de figures en taille-douce. *A Amsterdam, chez Zacharie Chatelain,* 1723. 5 vol. pet. in-12, portrait et figures. Ens. 10 vol. v. gran.

79. Le Théâtre de P. Corneille, nouvelle édition, revue, corrigée et augmentée de ses œuvres diverses. *Amsterdam, chez Zacharie Chatelain,* 1740. 5 vol. pet. in-12, portrait et figures. — Le Théâtre de Th. Corneille. *Amsterdam, chez Zacharie Chatelain,* 1740. 5 vol. pet. in-12, portrait et figures. Ensemble 10 vol. mar. citron, fil. tr. dor. (*Reliure ancienne.*)

Joli exemplaire.

80. Le Théâtre de P. Corneille, nouvelle édition, revue, augmentée des pièces dont l'avis au lecteur fait mention et enrichie de tailles-douces. *A Amsterdam, chez les frères Chatelain,* 1709. 5 vol. in-12, figures, v. gran.

81. OEuvres de Racine. *A Paris, chez Pierre Trabouillet, au Palais dans la gallerie des prisonniers, à l'image S. Hubert,* 1687. 2 vol. in-12, frontispices gravés et figures de Chauveau, mar. rouge, dos orné, fil. dent. int. tr. dor. (*Pouillet.*)

Édition recherchée. La première qui renferme *Phèdre*, le discours prononcé à l'Académie à la réception de M. Th. Corneille, et l'*Idylle sur la paix.*

Haut. : 155 mill.

82. OEuvres de Racine. *Amsterdam, chez les héri-*

tiers Antoine Schelte (au Quærendo), 1700. 2 vol. in-12, frontispices et figures, v. olive, tr. dor.

83. OEuvres de Racine. *A Paris, par la Compagnie des libraires*, 1713. 2 vol. in-12, frontispice et gravures, v. gran.

84. OEuvres de Jean Racine, avec des commentaires, par M. Luneau de Boisjermain. *Paris, de l'imprimerie de Pougin*, 1796. 7 vol. in-8, portrait et figures de Gravelot, v. rac. dent. tr. dor.

85. Théâtre de Jean Racine, orné de vignettes gravées à l'eau-forte sur les dessins d'Ernest Hillemacher. *Paris, librairie des Bibliophiles*, 1873-1874. 4 vol. in-8, portrait et vignettes, br.

86. LES OEUVRES DE MONSIEUR DE MOLIERE. *A Paris, chez Denys Thierry et Claude Barbin*, 1674-1675. 7 vol. in-12, mar. bleu jans. milieux dorés sur les plats, doublés de mar. citr. avec dent. tr. dor. (*Thibaron-Joly.*)

La véritable édition originale des OEuvres de Molière, publiée presque immédiatement après sa mort, et la première où toutes les pièces publiées de son vivant aient été recueillies en corps d'ouvrage et avec une pagination suivie.

Les tomes I à VI portent la date de 1674, le tome VII celle de 1675. Ce volume contient : *le Malade imaginaire* et *l'Ombre de Molière* (par Brécourt).

Il manque les pages 151-152 du tome VII.

87. Les OEuvres de monsieur Molière. *A Amsterdam, chez Jaques le jeune (à la Sphère)*, 1679 (pour les 5 volumes) et 1684 (pour le VIme (œuvres posthumes). 6 vol. pet. in-12, figures, mar. rouge, dos orné à petits fers, fil. dent. int. tr. dor. (*David.*)

Le Bourgeois gentilhomme est de 1674, Sganarelle, l'Amour médecin, Amphitryon, George Dandin, les Fourberies de Scapin et Psyché sont de 1675. Les Femmes savantes et l'Ombre de Molière sont de 1678.

Toutes les autres pièces sont de 1679.

Haut. : 126 à 130 mill.

88. LES OEUVRES DE MONSIEUR DE MOLIÈRE, revues, corrigées et augmentées, enrichies de figures en

taille-douce. *A Paris, chez Denys Thierry
Claude Barbin et Pierre Trabouillet,* 1682. 8 vol.
in-12, figures, mar. rouge, dos orné à petits fers,
fil. dent. int. tr. dor. (*Lortic.*)

Édition donnée par Vinot et Lagrange après la mort de Molière.
Le Festin de Pierre (tome VII°) contient 3 cartons offrant des différences
de texte pour les pages 133, 145 et 203.
Haut. : 160 mill.

89, Les OEuvres de Molière. *Paris, Denys Thierry,*
1682. 2 vol. in-12, figures, v. antiq.

Tomes VII et VIII, défectueux.

90. Les OEuvres posthumes de monsieur de Molière,
enrichies de figures en taille-douce. *Amsterdam,
chez Jacq. le jeune (à la Sphère),* 1684. In-12, v.
antiq.

Ce volume contient : Les Amans magnifiques. — La Comtesse d'Escarba-
gnas. — L'Impromptu de Versailles. — Dom Garcie de Navarre. — Méli-
certe.
Toutes ces pièces sont de 1684, ont une figure, un titre et une pagination
séparée.

91. Les OEuvres de monsieur de Molière, revues,
corrigées et augmentées, enrichies de figures en
taille-douce. *A Paris, chez Denys Thierry, Claude
Barbin et Pierre Trabouillet,* 1697. 8 vol. in-12,
figures, mar. rouge, dos orné, fil. dent. int. tr.
dor. (*Adolphe Bertrand.*)

Cette édition n'est qu'une réimpression pure et simple du texte de 1682
et avec les mêmes figures.

92. Les OEuvres de monsieur Molière. *A Liège,
chez J.-F. Broncart (à la Sphère),* 1703. 4 vol.
pet. in-12, figures, v. gran.

Mouillures; le titre du tome Ier est défectueux.

93. Les OEuvres de monsieur de Molière, nouvelle
édition, revue, corrigée et augmentée d'une nouvelle Vie de l'auteur et de la Princesse d'Élide,
toute en vers, telle qu'elle se joue à présent, imprimée pour la première fois, enrichie de figures
en taille-douce. *A Amsterdam, chez Wetstein et*

Smith, 1735. 4 vol. pet. in-12, portrait de Molière et figures par J. Punt, v. fauve, fil. tr. dor. (*Pouillet.*)

94. OEuvres de Molière, nouvelle édition. *A Paris, chez la veuve David*, 1768. 8 vol. in-12, figures par J. Punt, v. f. antiq.

95. OEuvres complètes de Victor Hugo. Drame, tome VIIᵉ. Ruy Blas. *Paris, H. Delloye*, 1838. In-8, cart. tr. jaunes.

Première édition.
Quelques taches et des soulignures au crayon.

96. OEuvres complètes de Victor Hugo. Drame, tome VIIᵉ. Ruy-Blas. *Paris, H. Delloye*, 1838. In-8, bas.

Première édition.
Cachet sur le titre; mouillures.

97. Hernani, ou l'Honneur castillan, drame, par Victor Hugo, représenté sur le Théâtre-Français, le 25 février 1830. *Paris, Mame et Delaunay-Vallée*, 1830. In-8, broché, non rogné.

Bel exemplaire de la première édition avec sa couverture imprimée; quelques mouillures aux premiers feuillets.

98. Almanach des spectacles, par K. Y. Z., cinquième année. *Paris, L. Janet*. In-16, portraits d'artistes en couleurs, cart. tr. dor.

ROMANS

99. Longi pastoralium de Daphnide et Chloë libri quatuor, græce et latine. *Lutetiæ Parisiorum*, 1754. In-4, figures du Régent, gravées par Audran, v. fauve antiq. fil. tr. dor.

100. Histoire du Petit Jehan de Saintré et de la dame

des Belles-Cousines, par M. de Tressan, édition
ornée de figures en taille-douce, dessinées par
M. Moreau le jeune. *A Paris, de l'imprimerie de
Didot le jeune*, 1791. In-16, figures, bas.

101. Les Cent Nouvelles nouvelles. Suivent les Cent
Nouvelles contenant les cent Histoires nouveaux
qui sont moult plaisans à raconter, avec d'excel-
lentes figures en taille-douce, gravées sur les dessins du fameux M. Romain de Hooge et retouchées
par feu B. Picart le Romain. *A Cologne, chez
Pierre Gaillard*, 1736. 2 vol. in-12, figures à mi-
pages, v. antiq. marbr.

102. OEuvres de Rabelais, édition variorum, augmentée de pièces inédites et d'un nouveau com-
mentaire historique et philologique, par Esman-
gart et Éloi Johanneau. *Paris, Dalibon*, 1823.
6 vol. in-8, figures de Devéria, demi-rel. v. f. tr.
jasp.

103. Heptaméron français. — Les Nouvelles de Mar-
guerite, reine de Navarre. *Berne, chez la nouvelle
Société typographique*, 1780-81. 3 vol. in-8, frontispice par Dunker et figures par Freudenberg,
vignettes et culs-de-lampe, bas.

Exemplaire court de marges et taché.

104. Les Aventures de Télémaque, par François de
la Mothe-Fénelon. *Paris*, 1810. 2 vol. in-4, figures gravées d'après les dessins de Ch. Monnet par
J.-B. Tilliard, demi-rel. avec coins mar. grenat,
dos orné, fil. tr. supér. dor. éb.

105. Histoire de Gil Blas de Santillane par Lesage,
vignettes par Jean Gigoux. *Paris, Paulin*, 1835.
Gr. in-8, nombr. figures, int. dans le texte, bas.
olive, fil. tr. marbr.

Premier tirage.

106. Le Temple de Gnide, par Montesquieu. *De*

l'imprimerie d'Adrien Égron, à *Paris*, *s. d.* Gr.
in-8, figures d'Eisen, bas.

Ce sont les figures de l'édition de 1772, mais très-usées. 2 cachets sur le
titre. La reliure est fatiguée.

107. Lettres d'une Péruvienne, par Mme de Graffi-
gny, traduites du français en italien, par M. Deo-
dati. Édition ornée du portrait de l'auteur, gravé
par M. Gaucher, et de six gravures exécutées par
les meilleurs artistes, d'après les dessins de M. Le
Barbier l'aîné. *A Paris, de l'imprimerie de Mi-
gneret*, 1797. Gr. in-8, papier vélin, v. fauve, dos
orné, dent. tr. dor.

Le portrait et les figures sont AVANT LA LETTRE.

108. Contes moraux, par M. Marmontel, de l'Académie françoise. *Paris, J. Merlin*, 1765. 3 vol. in-12,
portrait, titres et figures de Gravelot, v. antiq.
marbr.

109. Les Incas, ou la Destruction de l'empire du
Pérou, par M. Marmontel, historiographe de
France. *A Paris, chez Lacombe*, 1777. 2 vol. in-8,
figures de Moreau, demi-rel. bas.

Le faux-titre du tome Ier est doublé. Nombr. taches.

110. Aventures et plaisante éducation du courtois
chevalier Charles le Bon, sire d'Armagnac, par
M. de Mayer. *Amsterdam, et se trouve à Paris,*
1785. 3 vol. in-12, figures de Marillier, v. marbr.
fil. tr. dor.

111. OEuvres badines complettes du comte de Caylus avec figures. *Amsterdam, et se trouve à Paris,
chez Visse*, 1787. 12 vol. in-8, portrait et figures
de Marillier, v. rac. tr. dor.

112. PETITS CONTEURS du xviiie siècle, publiés avec
notices bio-bibliographiques, par Octave Uzanne.
Paris, A. Quantin, 1878-1879. 6 vol. gr. in-8,
portraits gravés à l'eau-forte, br.

Contes dialogués de Claude Prosper Jolyot de Crébillon. — Contes de

Aug. Paradis de Moncrif. — Facéties du comte de Caylus. — Contes de l'abbé de Voisenon. — Contes du chevalier de la Morlière. — Contes du chevalier de Boufflers.

113. Petits Conteurs du xviiie siècle, publiés par Oct. Uzanne. Eaux-fortes pour illustrer les Contes de Voisenon, par A. Géry-Bichard. *Paris, A. Quantin*, 1880. 6 planches in-8 dans un carton.

114. Mémoires de J. Casanova de Seingalt, écrits par lui-même, suivis de fragments des Mémoires du prince de Ligne ; nouvelle édition, collationnée sur l'édition originale de Leipzig. *Paris, Garnier fr.*, *s. d.* 8 vol. in-8, br.

Exemplaire sur PAPIER DE HOLLANDE.

115. VICTOR HUGO. Notre-Dame de Paris, édition illustrée d'après les dessins de MM. E. de Beaumont, L. Boulanger, Daubigny, T. Johannot, de Lemud, Meissonnier, C. Roqueplan, de Rudder, Steinheil, gravés par les artistes les plus distingués. *Paris, Perrotin et Garnier fr.*, 1844. Gr. in-8, figures, demi-rel. bas.

PREMIER TIRAGE. Le titre est sans la vignette représentant la cathédrale.

116. Victor Hugo. Notre-Dame de Paris, édition illustrée d'après les dessins de MM. E. de Beaumont, L. Boulanger, Daubigny, T. Johannot, de Lemud, Meissonnier, etc. *Paris, Perrotin et Garnier fr.*, 1844. Gr. in-8, figures, cart. tr. dor.

Second tirage. Le titre est avec une vignette gravée représentant la cathédrale, au-dessous une chauve-souris.

117. Romans et contes philosophiques, par M. de Balzac ; seconde édition. *Paris, Ch. Gosselin*, 1831. 3 vol. in-8, br.

118. LA PEAU DE CHAGRIN, par M. H. de Balzac. *Paris, Houdaille, s. d.* Gr. in-8, titre et vignettes gravées par Janet Lange, Marckl, Gavarni, etc., demi-rel. chagr. noir, plats toile, tr. dor.

119. La Comédie de la mort, par Théophile Gautier. *Paris, Recoules* (1845). Gr. in-8, vignette de Lacoste jeune, cart. percal. tr. jasp.

La date a été grattée sur le titre et sur le dos du cartonnage.

---

120. Contes et nouvelles de Bocace Florentin, traduction libre, accommodée au goût de ce temps, seconde édition, dont les figures sont nouvellement gravées par les meilleurs maîtres, sur les dessins de M. Romain de Hooge. *A Cologne, chez Jacq. Gaillard,* 1702. 2 vol. in-12, frontispice et figures à mi-pages, v. fauve, antiq. fil.

121. El Ingenioso Hidalgo Don Quixote de la Mancha, compuesto por Miguel de Cervantes Saavedra, nueva edicion, por D. Juan Antonio Pellicer. *En Madrid, por D. Gabriel de Sancha,* 1797. 3 tomes en 5 vol. in-8, figures de A. Navarro, brochés.

Tome Ier et tome II en 2 parties, et tome III, première partie.
La seconde partie du tome II est incomplète du titre.

122. Le Don Quichotte romantique, ou Voyage du docteur Syntaxe, à la recherche du pittoresque et du romantique; poème en xx chants traduit librement de l'anglais, et orné de 26 gravures, par M. Gandais. *Paris, de l'imprimerie de Firmin-Didot,* 1821. In-8, figures, demi-rel. v. tr. jasp.

William Coombe est l'auteur de cet ouvrage qui fut publié à Londres sous le titre de : *Tour in search of Picturesque.*

123. Les Principales Aventures de Don Quichotte, en hollandais. *In's Hage by Pieter de Hondt,* 1746. In-4, figures, demi-rel. bas. rouge, non rogné.

Édition recherchée. Figures de Boucher, Cochin, Coypel, Lebas, Picart et Tresmolières.

124. Het leven van Gusman d'Alfarache. T' afbeeltfel van 't Menschelyk Leven : Onder de Gedaante van een spaensehen Landlooper, en bedelaer.

*T'Amsterdam, Gedrukt by Willem van Lam-
sveld,* 1696. In-12, figures, mar. rouge, jans.
dent. int. tr. dor. (*Hardy-Mennil.*)

125. La Vie et les Aventures surprenantes de Ro-
binson Crusoé, traduit de l'anglais. *Amsterdam,
chez l'Honoré et Chatelain,* 1720. In-12, figures,
v. gran.

Exemplaire fatigué.

126. Clarisse Harlowe, traduction nouvelle et seule
complète, par M. Le Tourneur, faite sur l'édition
originale revue par Richardson. *Genève et Paris,*
1785. 10 vol. in-8, figures de Chodowiecki, v.
marbr. fil. tr. dor.

FACÉTIES

127. Joannis Meursii Elegantiæ latini sermonis, seu
Aloisia Sigæa Toletana de Arcanis Amoris et Ve-
neris, adjunctis fragmentis quibusdam eroticis.
Lugduni Batavorum, ex typis Elzevirianis, 1757.
2 parties en un vol. in-12, frontispice, v. marbr.
fil. tr. dor.

128. Cymbalum mundi, ou Dialogues satyriques
sur différens sujets, par Bonaventure des Periers,
avec une lettre critique et l'apologie de cet ouvrage, par Prosper Marchand, libraire. *Paris,
Prosper Marchand,* 1732. In-12, frontispice
gravé, v. gran.

129. Le Triumphe de haulte et puissante dame Ve-
rolle... nouvelle édition complète avec une préface et un glossaire, par M. Anat. de Montaiglon
et le fac-similé des bois du Triumphe par M. Adam
Pilinski. *Paris, L. Willem,* 1874. In-8, papier
vergé, br.

POLYGRAPHES

130. OEuvres de la Fontaine, nouvelle édition, revue, mise en ordre, et accompagnée de notes, par C.-A. Walckenaer. *Paris, Lefèvre*, 1822-1823. 6 vol. in-8, portrait et figures de Moreau, demirel. chagr. viol. fil.

Exemplaire non rogné.

131. OEuvres d'Alexis Piron, avec figures en tailledouce, d'après les dessins de M. Cochin. *Paris, chez N.-B. Duchesne*, 1758. 3 vol. in-12, figures, v. antiq. marbr.

132. Collection complette des OEuvres de **M.** de Voltaire. *Genève*, 1768. 30 vol. in-4, frontispice, portraits et figures de Gravelot, v. antiq. marbr.

133. OEuvres complètes de Voltaire. *Paris, Ant.-Aug. Renouard*, 1819-1822. 64 vol. in-8, portraits de Saint-Aubin et figures par Moreau le jeune. Table analytique des matières. *Paris, Ant.-Aug. Renouard*, 1825. 2 vol. ens. 66 vol. in-8, figures, cart. n. rog.

134. OEuvres diverses de Dorat. *Amsterdam et Paris*, 1772 et années suivantes. Ens. 19 vol. in-8, frontisp. figures, vignettes, culs-de-lampe, par Eisen et Marillier, bas. racine.

Collection contenant : les Sacrifices de l'amour; — les Malheurs de l'inconstance; — mes Fantaisies et mes Nouveaux Torts, ou Nouveaux Mélanges de poésies; — Coup d'œil sur la littérature; — Poésies fugitives; — les Victimes de l'amour; — Lettres en vers; — Adélaïde de Hongrie; — les Prôneurs, ou le Tartufe littéraire, comédie; — la Déclamation théâtrale, etc., etc.

La reliure de ces volumes n'est pas uniforme.

135. OEuvres complettes de M. de Belloy, de l'Académie françoise, citoyen de Calais. *A Paris, chez*

Cussac, 1787. 6 vol. in-8, portrait et figures de Borel, v. fauve, dent. tr. dor. (*Courteval.*)

136. OEuvres diverses de M. de Grécourt. *Londres (Cazin)*, 1780. 4 vol. in-18, figures, marbr. fil. tr. dor.

137. OEuvres de M. Palissot, lecteur de S. A. S. Mgr. le duc d'Orléans, nouvelle édition, revue et corrigée. *A Paris, de l'imprimerie de Monsieur*, 1788. 4 vol. in-8, portrait de l'auteur gravé par Choffard et figures, v. rac. tr. jasp.

138. OEUVRES DE FLORIAN, de l'Académie française, etc. ; nouvelle édition, ornée d'un portrait et de vingt-quatre gravures. *Paris, J.-C. Briand*, 1823-1824. 13 vol. in-8, figures, demi-rel. v. f. non rognés.

Bel exemplaire en grand papier vélin, avec les figures sur chine et la lettre grise.

139. OEUVRES DE DEMOUSTIER. — Cours de morale. — Les Consolations et opuscules en vers et en prose. 1 vol. — Théâtre. 2 vol. — Lettres à Émilie sur la mythologie. 6 parties en 3 vol. figures de Moreau. *Paris, Ant.-Aug. Renouard*, 1804-1809. Ens. 6 vol. in-12, papier vélin, portrait et figures, vélin blanc moderne, dos orné, dent. tr. dor.

140. RÉIMPRESSION DES PLUS BEAUX LIVRES à gravures du XVIIIe siècle. *Rouen, J. Lemonnyer*, 1879-1880. 8 vol. in-8, mar. bleu, dos orné, fil. dent. int. tr. dor., reliure uniforme. (*Lanscelin.*)

Recueil des meilleurs contes en vers, par Voltaire, Vergier, Grécourt, Piron, la Fontaine. 4 vol. — Le Fond du sac, par Nogaret. 2 vol. — La Pucelle d'Orléans, par Voltaire. 2 vol.

Ces huit volumes sont imprimés sur beau PAPIER WHATMANN, avec des caractères elzéviriens, et ornés de vignettes en taille-douce, à mi-pages, par Duplessis-Bertaux.

141. OEuvres complètes de M. Gesner. *S. l. n. d.* (*édition Cazin*). 3 vol. in-18, titres, portraits et

jolies figures de Marillier, v. fauve antiq. fil. tr. dor.

142. OEuvres de Salomon Gessner. *A Paris, chez l'auteur des estampes, Vve Hérissant et Barrois l'aîné* (1779). 3 vol. in-4, titres, frontispice, figures, vignettes et culs-de-lampe par Le Barbier, demi-rel. avec coins, mar. rouge foncé, dos orné, fil. tr. supér. dor. éb. (*Lanscelin.*)

Bel exemplaire.

143. OEuvres de Salomon Gessner. *A Paris, chez Ant.-Aug. Renouard, an VII* (1799). 4 vol. in-8. portraits et figures par Moreau le jeune, demi-rel. bas. verte, tr. jasp.

144. OEuvres complettes d'Alexandre Pope, traduites en françois (publiées par les soins de l'abbé de la Porte). *Paris, veuve Duchesne,* 1779. 8 vol. in-8, portrait par Kneller et figures par Marillier, v. rac.

HISTOIRE

145. Cosmographiæ universalis Libri VI. Autore Sebast. Munstero. *S. l.* (1650). In-fol. nombr. gravures, bas.

146. Q. Curtii Rufi de Rebus gestis Alexandri Magni cum supplementis Freinshemii, interpretatione et notis illustravit Michael Le Tellier, e societate

Jesu. *Parisiis apud Fr. Léonard*, 1678. In-4, frontispice gravé par Edelinck. v. antiq.

Aux armes de Michel-Édouard Colbert, doyen de l'église d'Orléans.

147. Discours de la religion des anciens Romains, de la castramétation et discipline militaire d'iceux, des bains et antiques exercitations grecques et romaines, escript par noble S. Guillaume du Choul, conseiller du roy et bailly des Montaignes du Daulphiné, illustré de médailles et figures. *A Lyon, par Guill. Rouille*, 1567. In-4 figures, v. gran.

148. Dionisio Alicarnasseo delle cose antiche della città di Roma, tradotto in lingua Toscana per M. Francesco Venturi Fiorentino. *In Verona*, 1738. 2 vol. in-4, parch. antiq.

149. Nouvel Abrégé chronologique de l'histoire de France (par le président Hénault), contenant les événements de notre histoire depuis Clovis jusqu'à la mort de Louis XIV. Nouvelle édition. *Paris, de l'imprimerie de Prault*, 1768. 2 vol. in-4, vignettes gravées, v. antiq. marbr.

150. Histoire de saint Loys, IX du nom, roy de France, par Jehan, sire de Joinville ; enrichie de nouvelles observations et dissertations historiques ; avec les Établissemens de saint Louis, le Conseil de Pierre de Fontaines, et plusieurs autres pièces concernant ce règne, tirées de manuscrits, par Ch. du Fresne, sieur du Cange. *Paris, Séb. Mabre-Cramoisy*, 1668. In-fol. v. marbr. dent. emblèmes sur les plats, tr. dor.

Il manque le titre.

151. Les Mémoires de messire Philippe de Commines, sieur d'Argenton. *A Paris, chez Etienne Loyson*, 1661. In-12, frontispice gravé, mar. fauve, dos orné, comp. dorés sur les plats, tr. dor. (*Reliure ancienne.*)

152. Sagesse de Louis XVI manifestée de jour en jour.... Ouvrage moral et politique, par l'abbé de Petity. *A Paris, chez Greffier et de Hansy,* 1775. 2 vol. in-8, frontispice et figures, par Gravelot, v. antiq. marbr.

153. Le Théâtre des antiquités de Paris, divisé en quatre livres, par le R. P. F. Jacques du Breuil, Parisien, religieux de Saint-Germain-des-Prez. *Paris,* 1639. In-4, 4 parties et supplément, demi-rel. bas.

Le titre et les feuillets de dédicace sont raccommodés ; taches.

154. Le Rhin. Lettres à un ami, par Victor Hugo. *Paris, A. Delloye,* 1842. 2 vol. in-8, demi-parch.

PREMIÈRE ÉDITION.
Exemplaire de cabinet de lecture, très-taché et très-fatigué.

155. Voyage pittoresque et historique de l'Espagne, par Alexandre de Laborde et une société de gens de lettres et d'artistes de Madrid. *A Paris, de l'imprimerie de Didot l'aîné,* 1806-1820. 2 tomes en 4 vol. gr. in-fol. nombr. planches gravées à l'eau-forte, demi-rel. chagr. viol. tr. jasp.

156. Annales du règne de Marie-Thérèse, impératrice douairière, reine de Hongrie, etc., continuées jusqu'à sa mort ; dédiées à la reine, par M. Promageot, prieur commanditaire. *Paris, chez Nyon et Laporte,* 1781. In-8, portrait et figures, par Moreau, bas.

Taches.

157. Histoire de l'état présent de l'Empire ottoman : contenant les maximes politiques des Turcs ; les principaux points de la religion mahométane ; leur discipline militaire, etc. ; traduite de l'anglois de M. Ricault, par M. Briot. *A Paris, chez Sébastien Mabre-Cramoisy,* 1670. In-4, frontispice gravé, v. gran.

158. **Mémoires pour la vie de François Pétrarque,** tirés de ses œuvres et des auteurs contemporains, avec des notes ou dissertations et les pièces justificatives (par l'abbé de Sade). *Amsterdam, chez Arkstée et Mercus,* 1764-1767. 3 vol. in-4, v. antiq. marbr.

Le tome III est en demi-reliure.

Paris. — Typ. G. Chamerot, 19, rue des Saints-Pères. — 11082.